산맥을 따라온 강물처럼

신필영 시집

가히 시선 012

신필영 시집

산맥을 따라온 강물처럼

가히

시인의 말

한동안 곁에 머물고 있던 단수 시편들을 모아 보니 난데없이 허전하다.
별맛 없이 별난 맛이 이런 걸까.

지나치지 않게, 구차하지 않게, 늘 이런 생각이었지만 불민한 지혜와 재주는
온전히 나의 몫이다.

실하거나 여리거나……

2025년 5월
신필영

차례

제2부

제3부

제4부

제5부

제1부

봄이 필 때

참았던 눈짓으로 담 너머 목련이 왔다

생애 첫 아침처럼 민둥이 젖어 있다

그 참에 터지는 웃음 흰 치아가 부시다

마파람이 분다

풀밭이 흔들린다
꽃양귀비 달음질에

바람을 가득 물고
진저리 치는 여름

발 고운 한 무리 새 떼
비를 피해 날아간다

달팽이처럼

알고 가는 길도
양발이 부르트는데

가본 적 없는 이 길
그래도 가당한가

여린 뿔
짐작만 믿고
종일토록 밀고 가는

청명

다 잊기로 했나 보다
샘물 새로 고여 든다

한 사발 속 시원히 쏟아붓고 싶어진다

낮달도 가다 멈추는
잔물결 없는 하늘

주전골에 와서

흐르고 또 흘러도 물소리 남아도는

그런 물로 네가 오면 대뜸 난 초록이 되리

구름이 머무는 까닭 아랑곳하지 않고,

명검

단숨에 들이대는
음 유월 땡볕 칼날

바람을 돌려세우며
목덜미를 겨누지만

나팔꽃 말간 웃음엔
함께 웃고 마는군

소리

뜨거운 쇳물 먹은
종소리나 들려주지

바위 끝 내려 뛰는
폭포로나 울어주지

불면을 찢어발기는
한여름 밤 청개구리

일침一鍼

입안의 혀일수록
공손하게 모셔야지

결국 너를 깨물다니
가벼웠네 입놀림이

내 뜻을 거스르고 만
칼끝인 줄 모르고

벽

어쩌다 밀려난 걸까
달력이 추락했다

한 달이 그냥 통째로
대책 없는 바닥이다

매달려 올라야 하는
내 암벽은 안전한가

간이역에서

꽃 보러 오는 봄비
그 비에 피는 꽃들

만남은 이리 함께 젖어 드는 일이던가

전송할
그 사람 사이
비 오고 꽃이 진다

꽃물

답을 알지 못하는
문제를 앞에 놓고

반으로 접힌 이 봄
겹으로 지는 분홍

눈치도 염치도 없이
보내누나, 간다 하니

족두리 바위

이름도 자지러지게 머리를 얹었구나

꽃가마 흔들리며 허방지방 오른 고개

절벽이 사랑만 같아 숨찬 고비 풀려난다

청계산 응답

네가 보낸 신호에
반응하는 내 피뢰침

번쩍, 하는 관악의 눈짓
헛기침할 겨를 없이

급기야
한통속으로
소낙비가 튀고 있다

봄눈

다 읽은 편지 말미
아쉬워 쓴 추신 같은

글썽이다 멀어지는
그대 뒷모습인가

언제나
일방통행 길
길게 놓인 발자국

이순耳順

꽃들은
저들마다
물어 뱉는 말이 있어

바람은
그 입술에
귀를 가만 대보지만

구태여
아팠던 말은
삼키느라 떠는 꽃

햇감자

돌쟁이 어린 손자
밥살 오른 두 볼 같다

낯가림 하나 없이
방실대는 웃음을 봐

뜨겁게 익혀낸 눈길
뽀얗게 분이 나는

제2부

골목

조선무 칼칼한 맛 찬 달빛은 익어가고

목덜미 감는 선달 칼을 대듯 서늘해도

오늘은 내일의 선두 군말 없이 가는 저녁

간월암 엽서

팽나무에 걸린 가을 물들 만큼 물이 들어

낮달의 엷은 손짓 바다는 차오르고

펼쳐둔 손바닥 위에 가부좌 튼 쉼표 한 점

가을볕

후덕하기 그지없는 가을날 후박나무

회초리 매질이던 빗줄기 지나가자

넉넉한 둥근 잎 그늘 오래도록 지키네

내성천

발목이 가느다란
초식동물 눈빛 같다

상류 쪽 맑은 물에
은어 떼로 튀는 햇살

길 나선
외나무다리
혼자 내를 건넌다

경원선

가다가
멈추는 것은
더 가야 하기 때문

오는 이 떠나는 이
꾸려놓은 사연 따라

참 딱한
속수무책만
빈 역사에 감돈다

갈대숲

하고픈 말 참고 있는
강진만 어귀에서

달빛을 흔들며 오는
강물도 그렇거니

가을을 쏟아놓고 가는
바람조차 그런 침묵

열나흘 달무리

명절이 가까운데 쉴 틈이 있으실까

머릿수건 숙여 쓰고 가을걷이 한창인지

밤하늘 밭고랑에는 둥실 뜬 대광주리

저도 알아서

수입산 아보카도
분에 묻은 둥근 씨앗

움 돋기 달포더니
넘실대며 훌쩍 컸다

입양을 낯설다 않고
신통하게 적응하는

털목도리

둘둘, 감겨든다
목덜미 깊숙한 곳

영하 십몇 도의 된바람을 받아내며

끝까지
내 편이라고
속속들이 파고든다

코스프레

이웃의 가난마저
훔쳐다 치장이라니

호사에 온갖 위세
감고도 모자랐나

볼수록
남의 밥 콩이
커 보이는 법이니, 원

불두화 한나절

꽃살문 열릴 듯 말 듯
부처님 웃을 듯 말 듯

허전한 등을 굽혀
연거푸 절 올리는

바람이 지나간 자국
뒤꼭지들 빼곡하다

이월

옛터에 새집 짓는
잎눈 꽃눈 저 배냇짓

못 보던 어린 까치가
꽁지를 치켜들고

점자로 당도한 봄을
판독하기 여념 없다

쏜살같이

적토마 콧소리에
등자 한번 걷어차며

도시의 타래 골목
거침없는 택배기사

천릿길
간절한 거기,
어디라도 달려간다

잠시

비가 막 그친 뒤
젖어 있는
어깨 위나

새들이 날아갔어도
흔들리는
전깃줄

순간이
메아리로 남아
그 언저리 울리는,

안동역

역무원 수신호가
기적을 맞이하는

한동안 술렁이던
발걸음 그 정거장

흔들던
손짓만 두고
우리 모두 떠나버린

야간운행

붉게 눈을 뜨는 앞차의 후미등이

내 앞길을 막는다고 한동안 투덜댔는데

어둠 속, 나를 이끄는 길잡이가 될 줄이야

제3부

홈런

아직
너를 위해
가야 할 길 남아 있다

못다 한
이실직고
내가 나를 보내는 일

그곳이
먼 길이라도
부릅뜨고 가리라

안부

내놓을 것 없는 상을 염치없이 차립니다

간장 종지 하나 앉혀 넌지시 물어보는

싱거운 우리의 거리 반주로 좁힙니다

죽 한 그릇

주려 헛 삼키는
목구멍을 달래가며

되직한 첫술에는
눈물로 뭉근하게

허수히 여기지 마라
남은 날의 저녁 한 끼

놀빛을 당기네

가을하늘 한가운데 기러기 무용수들

연습은 언제 했나 주고받는 신호 있다

석양을 입에 물고서 길의 갈피 맞추며

귀뚜리 초병

이마 위에 두른 어둠
달빛이 와 닦고 있네

바람을 현으로 켜는
철없는 풍각쟁이

이 가을
불면을 지키려
풀숲에 숨었구나

옥탑방

창 먼저 잠이 깨는
단칸 궁궐 신혼 방은

꽁냥꽁냥 수저 두 벌
키 맞추는 윗목으로

햇살이
문패를 걸며
비집고 들어서지

깜짝

이런 삼복 와중에 꽃대를 올린 춘란

뒷담 구석 버려져 다 죽었던 작년 것이

소피를 보려다 말고 움찔 여민 바지춤

굿모닝

갓 볶은 커피 향으로
찾아오는 이가 있네

물 끓는 소리 안고
환하게 곁에 앉아

찻잔을 비운 뒤에도
자리 뜨지 못하는

나비야 너는 어찌,

입추 처서 다 보내고
철모르는 못난 것아

시든 꽃밭 언저리를
무엇 있어 맴도느냐

어쩌랴,
실없는 곤두박질
오지랖을 어쩌랴

우수雨水

포근하게 덮어주는
바람 이불 속에 들어

서로의 체온으로
산자락도 늦잠이다

발가락 간지럽히는
나무 밑동 뿌리들

동거

오가다 만났을까
푸른 솔 우듬지 쪽

자리 바꿔 앉아가며 해바라기 함께한다

목청껏 장단 맞추는
참새 까치
한 가슬

반半을 말하다

벌써 반이 줄었다고?
무슨, 반이 남았는데

각도가 달라지면
생각도 천지 차이

가버린 반이 아니라
채워야 할 반이지

반딧불이

어둠을 찢고 오는
불빛을 이제, 보네

글썽이는 눈짓으로
먼 길을 돌아와서

내 앞에 닿을 듯 말 듯
숨조차 가려 쉬는

파도 풀이

밀물이 제힘으로
여기까지 왔겠느냐

바람이 달래가며
등을 밀고 밀었다지

썰물도 마찬가지야
누가 마구 당긴 거야

나박김치

한때를 상기하며 마주 앉은 경칩 무렵

곁눈질로 은근슬쩍
납작납작 달콤새큼

젊은 날 아내 투정이 자박자박 건너온다

셈이란 말이여

그만하면 잘한 거여,
본전 하기 어디 쉬워?

안 밑지면 남은 게지,
떼이지는 않았잖아

공으로 바람도 불고
그 곁에 꽃 피는 겨

제4부

시조 삼장

천 리를 내다보며
한 걸음씩 내딛는 일

살피며 부추기며
보폭을 가늠한다

산맥을
따라온 강물이
꽃 한 송이 만나듯

여름 텃밭

실한 놈은 실한 대로 여린 놈은 또 여리게

촉촉한 손을 뻗어 우쭐우쭐 행진이다

모두가 응원이었구나 소나기며 땡볕도

일월산

골 깊은 여우 울음
발치부터 첩첩 미로

줄 넘듯 넘나들며
해와 달이 마중 나와

진초록
놓친 시간들
감싸 안고 추스른다

청유형의 말씀

속인 놈은 속였다고
콧대 세운 최종 승자

속은 놈은 속았다고
코가 꿰인 자승자박

속지 좀 말고 삽시다
속는 척도 맙시다

시크릿 가든

산허리 겨우 걸린 외진 길이 누설한 곳

바람을 휘감으며 칩거 중인 자작 가족

빽빽한 시베리아 설원 꿈을 피워 올린다

재채기

오늘도 어김없이
결정타를 날리는 너

참는 것 감추는 것
이제 더는 그만두고

터놓고,
솔직히 그냥
민낯으로 마주칠까

남수단의 꽃

배고픈 눈물 닦고
피었다, 꽃 피었다

이태석 신부께서
뿌려놓은 저 꽃씨들

유난히
눈 맑던 소년,
의사가 되기까지

잔꾀

모르고 넘는 일도
탈선이라 하겠거늘

모른 척 넘은 일은
낯 들기도 민망하다

그 누가 모를까 보냐
눈 가리고 아옹, 하면……

눈발

하늘에 금이 갔나 한때의 이상기류

저만치가 겨울인데 몸부림에 숨 고르며

할 말은
다 생략하고
내 앞에 착지한 너

밀회

산나리꽃 내민 입술
속되다 할까마는

뙤약볕 풀무질에
흘러넘친 초록 단오

한낮을 이기지 못해
자리 뜨는 흰나비

무작정

시답잖은 겨울비에 오지랖 다 젖습니다

몇 모금 입김으로 언 유리창 녹여내자

끊길 듯 오던 소식이 가물가물 핍니다

정인

물고기를 잡는 것이 어부의 본업이라면

고기가 잘 크도록
놔줄 줄도 알아야지

알고도
눈감아 주던
젊은 날 술래처럼

가로등 전서

기다리는 마음처럼
조금씩 부풀더니

열나흘 그 하늘에
달이 떴다, 못을 박듯

내일은 오지 마시라
뜬눈으로 새는 밤

하지

서둘러 연 하늘 문
네 시 무렵 트는 먼동

잠덧 다 씻어주는
바람의 돛을 달고

길고 긴 한나절 끝까지
밀고 가는 배 한 척

풍경

몸서리 치고 있는 이른 봄 꽃시장 터

좌판에 즐비하다 보랏빛 팬지 모종

겨우내 먼지 낀 그늘도 재고정리 중이다

팔월의 몸짓

버들가지 흔드느라 푸르러지는 바람

구름을 품에 안아 몽롱해지는 호수

풀섶은
물달개비꽃
숨겨가며 피운다

제5부

춘곤

조팝나무 잔주름 꽃
졸음 겨운 한나절은

반투명 봄 하늘에
낮달도 깜박깜박

공연한 마을 쪽으로
내 귀 또한 얇아지고

북대암

끊어질 듯 이어질 듯 허위단심 올라와서

바람이 풀어놓는 몇 마디 말 듣더니만

저물녘 암자 정수리 발그라니 물오른다

무인도를 꿈꾸며

솔숲이 저물어야
찾아드는 물새들과

섬을 부르다가 주저앉는 파도 따라

한 번쯤
물때 맞추듯
발자국을 놓을까나

얼음집

추위를 막기 위해
더 춥도록 살아보는

바람 소리 높을수록
이글루는 아늑하지

이 집에
댓잎 자리 깔면
그대로 뜨거우리

갈림길

화살표가 가리키는 먼 이름을 찾습니다

몇백 리나 갈 것인지 천방지축 내 그리움

서둘러 치닫는 눈길 여기 잠시 멈춥니다

춘분

흐르던 한강 물도
제 길 가기 싫다네요

당산 쪽 뚝방 아래
한참을 칭얼칭얼

유록색 차일을 치는
갯버들 한창인 날

에스컬레이터

한 계단
위아래로
마주 선
젊은 남녀

비탈에 선
나무처럼
울울창창
숲이 된다

입술이
입술을 포갤 때
번개 치듯
다녀간 너

성자의 행진

배낭 하며 기저귀 가방
신호등 앞 젊은 엄마

바쁘다, 엄지 둘은
스마트폰 검색 중

앞으로 둘러멘 아기
눈도 찡긋 맞추며

번개

달만 뜨는 하늘이랴
먹구름 한뎃자리

참았다 터지는 울음
생살 베는 천둥소리

네게로 가지 못한 죄
칼금 번쩍 혼쭐난다

이슬비

머뭇대는 발걸음을 나직이 붙잡는 봄

소로록 꽃잎마다 이슬이나 담아두고

그 어디 닿을 듯 말 듯 먼 눈빛에 젖는다

다도해

가까이 앉은 섬은
너부죽이 엎드린 채

푸른 파도 뜯어먹는
윤나는 가라말이고

저만치
서 있는 섬은
피리 부는 목동인가

지금 가고 있습니다

— 화성능행華城陵行

배舟 엮어 다리橋 놓고
여미듯 건넌 근심

그리움 채찍 삼아 꿈에서는 지척이더니

바람도
마음만 앞서
천 리 같은 화성 길

장날

사투리는 울퉁불퉁
송야천도 구불텅히

군내 나는 이웃들
인사로 넘어설 때

무심한
서랍 안쪽에
숨어 있는 흑백사진

손님

모처럼 눈이 왔다
인적 없는 공원 의자

오늘은 겨울 나라
초대받은 귀빈 같다

눈부신 드레스 자락
휘감고 앉아 있다

해설

'별맛 없이 별난' 유현의 미적 세계

손진은(시인·문학평론가)

1. '사이'로 바라보는 존재의 비밀

신필영의 단시 시편들을 읽으면서 화가이자 동양 미학자인 킴바라 세이고金原省吾가 그의 저서 『동양의 마음과 그림』에서 말하는 '적寂의 미학'이 떠올랐다. 사물의 분명한 세계를 명백明白이라 한다면, 상대적으로 모호한 세계가 적막寂寞이다. 알고 보면 시의 진리와 진실은 이 적막에서 비롯된다. 그리고 적막의 적寂은 뒤에서 언급하겠지만, '사이'로 바라보는 존재의 비밀이기도 하다.

유현幽玄한 태도로 사물을 바라보는 게 '적寂'이라면, 그의 시에는 그런 유현한 취趣와 아름다움美이 나타나 있다. 유현한 취미는 어떤 존재가 다른 존재의 모습 속에 나타나는 것을 느끼는 일을 말한다. 예컨대 「굿모닝」이라는 제목을 붙인 시에서, "물 끓는 소리 안고/환하게 곁에 앉아//찻잔을 비운 뒤에도/자리 뜨지 못하는" 존재는 숨은 연애를 하는 애절한 연인 같은 둘이다. "늪을 직시하지 않고 바람의 향기나 개구리 속에 나타나는 늪을 본다거나 바다를 나무의 틈새로 조금 내다보는 게 유현이다. 나무의 모습을 직접으로 보지 않고, 흙 위에 떨어진 그늘로 보는 게 유현이다"(킴바라 세이고金原省吾, 『동양의 마음과 그림』, 민병산 역, 새문사, 2003, 158~159쪽).

하나의 사물에서 그 존재에 내재하고 있는 다른 존재를 바라보는 마음, 나아가 무無에서 유有를 바라보는 눈과 마음은 프랑수와 줄리앙의 『무미예찬無味禮讚』과도 접맥된다. 시인이 「시인의 말」에서 "별맛 없이 별난 맛이 이런 걸까"라고 한 언술이 바로 이런 맥락이다. 겸양의 태도로 말을 했지만, 그 겸양의 어사가 존재의 비밀을 함축하고 있는 것이다. 맛은 대립시키고 분리시키지만 '별맛 없음淡'은 사물과 현실의 여러 양상을 서로 열어주고 소통하게 해준다. 그것은 다양한 양상들의 공통점을, 그 근본적인 성격을 보여준다. 담淡은 전체적인 인상이며 개별적 관점의 편협함 너머에 세계와 존재를 감지하게 해준다. 그 사유는 현실의 양상들을, 생성의 국면들을 따로따로 고립시키고 대립시키는 대신, 서로 소통하는 것을 의식한다. 모든 것이 항상 하나로부터 다른 하나로 이행 중에 있음을 의식한다. 그것이 '별난 맛' 즉 오묘하고 유현한 맛으로 번져가고 확산되는 미학이다.

둘둘, 감겨든다
목덜미 깊숙한 곳

영하 십몇 도의 된바람을 받아내며

끝까지
내 편이라고
속속들이 파고든다

—「털목도리」 전문

작은 소도구가 생명으로 내 몸속으로 들어오는 전신轉身의 지점이 이 시에는 있다. 그것은 무엇인가. 사물이었던, 더 구체적으로 말하면 죽은 짐승의 외피였던 털목도리가 산짐승이 되어 "끝까지/내 편이라고/속속들이 파고"드는 것이다. 여기서 앞서 말한 '하나의 사물에서 그 존재에 내재하고 있는 다른 존재를 바라보는 마음'이 드러난다. 하이데거는 이것을 '이음Fügung'이라고 하는데, 이음은 하이데거의 후기 사유를 구성하는 중심개념 중 하나로서, 이 시는 이음의 '출발점'에 서 있는 작품이다.

여기서 털목도리는 하나의 생명체로 완벽히 이행한다. "영하 십몇 도의 된바람을" 기꺼이 받아내어 주는, 피붙이같이 헌신된 몸으로 화육하는 것이다. 털목도리는 화자와 이미 이런 관계성을 형성하며 가까이서 존재한다. 사물에서 생명으로 옮

아오는 이 지점이 바로 타자에 대한 관심이 촉발되는 부분이다. 추울세라, '둘둘' "목덜미 깊숙한 곳"까지 감고, 네가 어떤 행동을 하든 그래도 "내 편이라고/속속들이 파고"드는 동물의 인간 용서가 아닌가. 나와 동류였던 인간에게 잡혀 먹이가 된 몸이었으면서도 외피까지도 인간을 데워주고 감싸주는 이런 자비. 그래서 이 시는 표면적 생태시학의 영역을 넘어선다. 늦었지만, 화자는 눈시울을 적시며 나와 야생의 동물은 우주의 일원으로서 더불어 살아가야 하는 존재임을 깨닫는다. 털목도리를 통해서 우리는 성큼 성장한 자아를 볼 수 있게 된다. 시인에게 그런 의식은 인간이 빠진 자리에서도 작동한다.

발목이 가느다란
초식동물 눈빛 같다

상류 쪽 맑은 물에
은어 떼로 튀는 햇살

길 나선
외나무다리
혼자 내를 건넌다

—「내성천」 전문

한 폭 그림 같은 단수다. 사물이 순한 동물의 모습으로 화육

되면서 우리의 시각이 범하는 구분이 얼마나 근시안적인가를 통찰하게 한다. "외나무다리"의 '다리'라는 시니피앙에서 이 시는 발아한다. 유쾌하지 않은가? '다리 이미지'는 bridge에서 순식간에 leg으로 이동한다. 이 이동은 사람이 건너는 것을 '외나무다리'가 건너는 쪽으로 사유와 형상이 전개하는 방향으로 향하게 한다. 시인은 여기서 다른 미적 속성을 발견하기에 이른다. 다리라는 신체의 아랫부분인 발목, 그것은 흐르는 물의 도움을 받아 "초식동물 눈빛"으로 일체화되고, 거기다가 "맑은 물에" 튀는 햇살이 은어 떼가 되는 경이까지 마음속에 녹여낸다. 마침내 나무다리와 물, 햇살 같은 존재 양상들은, 새로운 생성의 국면을 맞이하면서 새로운 하나의 풍경으로 서로 소통하기를 시작하는 것이다. 더 깊어지는 지점은 가느다란 발목을 가진 외나무다리가 내를 건넜으면 사라져야 함에도 이 건넘은 끝나지 않고 계속 이어지고 있다는 것이다. 이 점이 '별맛 없이' 보이는 것에서 신필영 시인의 단수가 이루어낸 '별난 맛'의 정체다. 그것은 그의 시가 있는 그대로 보는 평면성이 아니라 적寂의 '사이'에서 작동하는 사물과 자연 생명, 우주의 존재의 비밀을 발견하는 단계에 이르렀음을 입증한다.

2. '젖음', 존재 이동의 근저

그렇다면 사물이 존재의 비밀을 드러내는 근저에는 어떤

내밀한 바탕이 있는 것일까? 앞의 시편들에서 일정 부분 드러났듯이 그의 시편들에서 우리는 사물이 있는 그대로의 상태에서 이미 전개의 약속을 내장하게 하는 속성을 발견할 수 있다. 그의 모든 시편이 그런 것은 아니지만 그 질료는 사물과 생명을 촉촉이 젖게 하는 '온기'이며 '물'이다.

참았던 눈짓으로 담 넘어 목련이 왔다

생애 첫 아침처럼 밑둥치가 젖어 있다

그 참에 터지는 웃음 흰 치아가 눈부시다

—「봄이 필 때」 전문

존재를 매우 생동감 있고 극적으로 표현한 시다. 목련은 얼마나 바깥이 보고 싶어 자신의 몸을 뎁혔을까? 그 물기가 "참았던 눈짓"이 되어 "담 넘어" 와서 이쪽을 보고 있다. 중장은 우리의 시야를 원초적 시간으로 돌아가게 한다. "모든 봄은 다시 태어난다"는 엘리아데의 말처럼 "생애 첫 아침"의 아랫도리인 "밑둥치가 젖어 있"는 신생의 시간이 바야흐로 시작되고 있는 것이다. 밑둥치는 생명을 낳는 대지모신 데메테르의 자궁과도 같은 형상을 취하고 있다. 이때 초장의 "참았던 눈짓"은 겨울의 시간을 넘어 탯줄 속의 시간으로 진입한다. 그 참에도 시간은 흐른다. 어느새 신생아의 시간을 건너온 목련화, "터지는 웃음 흰 치아가 눈부"실 때 제목처럼 한 생명은 그 속에 대지의 기운을 품고, 봄 전체로 피어나는 것이다. 여기서 우리가 유심히 보아야 할 부분은 "젖어 있다"는 말이다. '젖음'은 탄생에 관여함은 물론, 모든 생명으로 하여금 고정된 존재가 아니라 순환적 운동 혹은 생성의 존재자로, 존재 이동의 근저로 작용하는 힘이다.

꽃 보러 오는 봄비
그 비에 피는 꽃들

만남은 이리 함께 젖어 드는 일이던가

전송할
그 사람 사이
비 오고 꽃이 진다

—「간이역에서」 전문

여기서 봄비와 꽃들, 사람 하나 할 것이 없이 개체로만 존재하는 것이 없다. 관계성으로 작용한다. 비 오는 날 철로변에 핀 자잘한 꽃, 그렇다. 하늘의 기운인 비는 땅의 생명인 꽃을 보러 먼 길을 내려오고, 그 비가 질료가 되어 개화를 한다. 화자는 이 둘의 만남을 보고 "만남은 이리 함께 젖어 드는 일"이란 사실을 수긍한다. 화자는 어떤 이를 전송하게 이르는데,

그날도 비가 왔고, 그 비에 꽃이 져버리는 걸 확인한다. 태어남과 죽음에 젖어 듦이 다 함께 관여함을 또 알게 된다. 그러나 깨달음보다 높은 층위에 이 시는 있다. 한 사람을 전송하는 사이, 아무렇지 않게 지나가는 그 사이가 꽃에게는 그의 생을 다하는 시간이 된다는 엄연한 사실이 있다. 이게 '사이'로 바라보는 존재의 비밀이다. 이때 '사이betweenness'란 존재하지 않지만, 어떤 것의 존재를 말하기 위하여 요구되는 시공간 혹은 '터'를 가리키는데, 사이를 형성하는 최소한 두 상대가 마주하지 않는 한 발생하지 않는다. 꽃의 개화를 본 화자인 내가 어느새 낙화를 보게 되는데, 화자는 비를 통해 이미 우주의 이치와 자연의 이법을 깨달은 자로 상승되어 있는 것이다. '사람'과 '꽃' 사이, 이런 살아 있는 시간의 층위를 발견해 내는 시선을 우리는 이 시에서 읽을 수 있다. 모든 게 비가 생성과 소멸을 잇는 존재라는 걸 알게 하는 인식이다. 여기서 '비'는 앞서 언급했던 하이데거의 용어를 빌어 말하면 '있다Being'를 곧 '잇다Fügung'로 만드는 촉매다. 순간의 미학을 드러내고 있지만 '사이'의 시간이 여운으로 작동하는 시 한 편을 보자.

비가 막 그친 뒤
젖어 있는
어깨 위나

새들이 날아갔어도

흔들리는

전깃줄

순간이

메아리로 남아

그 언저리 울리는

—「잠시」 전문

"비가 막 그친 뒤"의 순간의 잔상을 다루고 있는 이 시에도 그 근저에 앞서 말한 '젖어 있음'이 있다. 초장에서 "젖어 있는" 대상이 화자인 '나'의 어깨라면 중장은 새 날아간 뒤, 빗방울을 매달고 "흔들리는 전깃줄", 새들을 받치고 있던 어깨다. 비와 새들 사라져 보이지 않지만 '나'와 '전깃줄'은 어깨에 내려앉았던 그 생명들을 자기 속으로 불러들인다. 시인은 이를 "메아리로 남아/그 언저리"가 울리는 것으로 부재의 설레는 자장을 노래한다. 여기서 "언저리"는 한순간 사라져 보이지 않는 존재들이 여전히 작동하는, '사이'의 운동성을 가장 예민하게 드러내 주는 둘레의 가장자리 부분이다. 그러나 그 언저리도 울림을 멈추면 언제 그랬느냐는 듯 때 묻은 풍경이나 일상으로 돌아가 버린다. 하지만 시인은 그 이전의, 떨림의 순간들에서 그 존재가 담고 있는 다른 존재를 떠올리는 마음, 다시 말해 '무'에서 '유'를 바라보는 눈과 마음으로 시작詩作에 임하고 있는 것이다.

실한 놈은 실한 대로 여린 놈은 또 여리게

촉촉한 손을 뻗어 우쭐우쭐 행진이다

모두가 응원이었구나 소나기며 땡볕도

—「여름 텃밭」 전문

하이데거의 말대로 '있다'가 곧 '잇다'가 된다고 할 때, 이 작품만큼 '이음' 사유가 활발한 시는 드물 것이다. 존재의 구별과 등차가 없는 터전, 여름 텃밭은 발랄한 생기로 가득하다. 초장 "실한 놈은 실한 대로 여린 놈은 또 여리게"라는 구절 속에 우리는 모두 차별 없이 모여 사는 일원이라는 의미를 읽을 수 있다. 텃밭의 식구들인 채소와 잡초들은 누가 먼저랄 것도 없이 "촉촉한 손을 뻗어 우쭐우쭐 행진"한다. 중장은 초장의 연속이다. '우쭐우쭐'이라는 말이 율동적으로 자꾸 움직이는 모양이라고 할 때, 이는 자연 속에 작동하는 생명의 잔치판 같은 흐름이요, 함께 어울리며 뻗어 나가고 솟구쳐 오르는 전체성의 양태다. 하지만 시가 우주와 자연과 인간 사회의 아름답고 깊고 먼 것들을 감동 속에 사색하는 일이라면, 그것이 꼭 자연의 일이라고만 할 수 없을 것이다. 오히려 연합하여 살아가야 하는 인간 사회의 이상이라 해도, 우주 가족의 일원이라 해도 무방하다. 종장은 불교의 연기적 사유가 반영되어 있다. 시인은 세상의 모든 개체들이 따로 존재하는 것이 아니라 우주적

'이음'으로 연결되어 있다고 생각한다. 하나하나의 생명체들은 소나기와 땡볕이라는 고난과 시련을 만나게 마련이지만, 그 고난들을 응원으로 삼아 하나의 생명체가 완성된다는 것이다. 고난이 있었기에 진정한 성장을 이룬다는 말이다.

3. 삶과 시의 겹침 혹은 균형

'사이'의 시간이 여운으로 작동하는 시가 주는 아름다움은 우리 시단의 새로운 풍경이다. 이런 경향은 일상의 삶을 다룬 시편들에서도 발견된다.

> 알고 가는 길도
> 양발이 부르트는데
>
> 가본 적 없는 이 길
> 그래도 가당한가
>
> 여린 뿔
> 짐작만 믿고
> 종일토록 밀고 가는
>
> —「달팽이처럼」 전문

제목을 「달팽이」라고 붙였으면 '사이'의 시학은 성립되기 어렵다. 그 뒤에 덧붙인 '처럼'이, 이 시를 별맛 없어 보이는 것에서 특별한 맛을 포착해 내고 그 맛을 별난 맛으로 잇는 거멀못 역할을 한다. 이 시의 "가본 적 없는 이 길", "여린 뿔"이라는 구절이 인생으로도, 시작詩作 과정으로도 다 읽을 수 있게 한다. 인생으로 읽는다면 그동안 살아온 시간과는 다른 새길에 들어선 화자의 심정을 직감("여린 뿔") 하나만으로 밀고 가야 하는 남은 생이 될 것이고, 시작 과정으로 읽는다면 지금까지 가본 적 없는 새로운 경지를 위해, 막막한 백지 위에 "여린 뿔"이라는 감각의 촉수를 드리워 세계를 열어가는 지난한 과정이 될 것이다. 이렇듯 그에게는 정과 경, 시인과 생활인, 자연과 인간은 분리될 수 없는 양태로 녹아 있다. 달팽이를 통해 인생에, 시작에 접근하는 열린 태도는 이 시인의 이런 미학적 자질과도 결부되어 시를 '별난 맛'이 되게 한다. 그 사유는 현실의 양상과 생성의 국면들을 따로 고립시키지 않고 서로 소통하는 그의 시학과 결부되어 현현된 것이다.

단숨에 들이대는
음 유월 땡볕 칼날

바람을 돌려세우며
목덜미를 겨누지만

나팔꽃 말간 웃음에

함께 웃고 마는군

—「명검」 전문

시인의 미학적 자질과 세계관이 드러나는 시편이다. "음 유월 땡볕"은 "칼날"이라는 섬뜩한 은유로 직핍한다. 칼날은 바람도 어찌할 수 없이 열풍으로 만들어 돌려세운다. 그러나 그 강하고 억세고 엄숙한 것이 여리고 동그랗고 천진한 "나팔꽃 말간 웃음에" 동화되어버린다는 역설이 이 시에는 들어 있다. 약함과 강함, 천진함과 엄숙함, 곡선과 직선 중에서 항상 이기는 것은 전자라는 것이다. 여기서 이 시는 한 번 더 깊이로 들어간다. 제목에서 암시되거니와, 그러니 땡볕과 나팔꽃 중 어느 것이 명검인가 하는 물음을 결국 던지고 있는 것이다. 독자들은 나중에야 무릎을 치며 읽는 재미를 느낄 것인데, 이것이 '사이'의 시선이 획득한 경지라 할 수 있다. 이렇듯 시인은 사물과 현상, 현실의 어떤 것도 하나로부터 다른 하나로 이행 중에 있음을 의식한다. 이는 상상력뿐만 아니라 내용에까지 작용하고 있는 것이다. 이것이 그의 시가 별나고 오묘하고 유현한 맛으로 확산되는 지점이다. 「벽」도 그런 시학의 면모를 보이는 시편이다.

어찌다 밀려난 걸까

달력이 추락했다

한 달이 그냥 통째로
대책 없는 바닥이다

매달려 올라야 하는
내 암벽은 안전한가

—「벽」 전문

"달력이 추락했다"는 말은 자세히 보면 벽에 걸어놓았던 달력이 떨어졌다는 말이 아니다. "어쩌다 밀려난 걸까"라는 초장 첫구가 암시하듯 해고로 직장에서 밀려났다는 말이다. 이는 앞서 말한 '사이'로 바라보는 존재의 비밀이다. 그러기에 "한 달이 그냥 통째로/대책 없는 바닥이다"라는 중장이 실감을 획득하는 것이다. 한 달을 통째로 허탕질해 버린 자아의 심사는 그런 일을 겪은 이들에게는 보편성을 가진다. 그러면서 시인은 나날을 "매달려 올라야 하는/내 암벽"이라 진단한다. 칼날 위의 삶을 살아가야 하는 이 시대 많은 이들의 목소리가 아니고 뭐겠는가.

4. '시조 삼장'의 바늘에 산천과 우주 넣기

우리는 이제 그의 시학이 가닿는 지점을 살펴볼 때가 되었다. 이런 미학의 단초는 앞서 살펴본 「달팽이처럼」에서 이미

마련되어 있지만, 다음 작품은 시조의 미학적 자질과 결부되어 더욱 종요로운 깊이와 풍요를 거느린다.

> 천 리를 내다보며
> 한 걸음씩 내딛는 길
>
> 살피며 부추기며
> 보폭을 가늠한다
>
> 산맥을
> 따라온 강물이
> 꽃 한 송이 만나듯
>
> —「시조 삼장」 전문

시인의 삶을 보는 듯한 시다. 시조는 곧 인생이다. 그러면서도 각 장에 대한 내밀하고도 유려한 천착이 있다. 인생과 시조 양면에서 분석해 보기로 한다. 초장 "천 리를 내다보며 걷는 한 걸음"에서는 인생의 '천 리'라는 거대한 비전, 희망과 이에 따른 자신의 걸음을 갈무리한다. 그것을 초장의 기능과 관련시켜 말한다면 초장의 발화가 자연스럽게 나와야 하면서도 얼마나 긴밀히 구성되어야 하는가에 대한 고심이 느껴진다. 중장은 더 오밀조밀하다. 초장의 큰 희망과 중장의 보폭의 '사이'가 보이기 시작한다. 여기엔 시인의 철학이 내재되어 있다.

타자를 살피며, 못 따라오는 사람을 배려하고 부추기며, 보폭을 맞추며 걷기. 여기서 타자는 고스란히 언어나 구절로 대치할 수 있다. 즉 시조 전체를 위해 중장에서 가늠해야 할 언어의 호흡 말이다. 종장은 반전과 승화를 통한 상승의 접점을 위해 길에서 강물 이미지로 방향을 돌연 튼다. 산맥을 따라온 융융한 흐름의 강물이 마침내 꽃 한 송이를 만나는 장면을 그린다. 시인의 시조 인생은 빼어난 작품 "꽃 한 송이"를 만나는 일이다. 그러나 강물이 꽃을 만나는 건 먼 바다에서 티끌을 발견하는 것보다 어렵다. 이때 "꽃 한 송이"는 무릎을 치게 하는 결구이기도 하고, 한 편의 더할 수 없이 빼어난 작품 자체이기도 하다.

미당의 '한 송이 국화'를 위해 '소쩍새'와 '천둥', '내'가 관여한 것이 작은 생명과 우주의 교융이라면, 신필영의 이 작품은 '시조 삼장'이라는 작은 바늘 속에 산천과 우주를 넣는 작업이라 할 수 있다. 미당이 우주가 하나의 생명 속으로 들어오는 구심성을 가진다면, 신필영은 작품 하나가 대자연 쪽으로 나아가는 원심성을 가진다. 걸음과 강물을 통해, 이 시는 배음으로 바람 소리와 물소리를 만나 공감각으로 연주되는 음악에 비견할 수 있다. 그리하여 그에게 시조는 그 '사이'에 관여하는 모든 풍경과 삶 끝에 창조하는 한 떨기 꽃이다.

이 시에서도 여전히 '사이'의 철학이 느껴진다. 천 리 길과 보폭 사이, 산맥과 강물 사이, 강물과 꽃 한 송이 사이. '사이'가 작동하는 시가 주는 아름다움은 우리 시조단의 새로운 풍경이다. 무엇보다 시 한 편을 이렇게 크게 그리는 일은 일찍이 우리 시조사에서 유례를 찾아보기 어려웠다. 그러나 시인은 이런 웅혼한 스케일로 시조 삼장을 담아낸다. 거기서 발견되는 시인의 철학은, 시조는 크고, 그 속의 자신은 작다는, 아직 만나야 할 '한 송이 꽃'은 많이 남았다는 겸손이다. 인격적으로도 문학적으로도 시인은 자신을 낮출 줄 알기에 더 크게 보인다. 이는 우리가 앞서 살핀, '별맛 없이 별난' 미적 세계를 그가 가지고 있는 요인이기도 하다. "풀섶은/물달개비꽃/숨겨가며 키운다"(「팔월의 몸짓」)고 시인이 발화할 때, 그 풀섶이 바로 시인과 겹쳐지는 것은 왜일까?

가히 시선 012

산맥을 따라온 강물처럼

초판 1쇄 인쇄 2025년 5월 1일
초판 1쇄 발행 2025년 5월 9일
지은이 신필영
펴낸이 김석봉
디자인 헤이존
펴낸곳 문학의전당
출판등록 제448-251002012000043호
주소 충북 단양군 적성면 도곡파랑로 178
전화 043-421-1977
전자우편 sbpoem@naver.com

ISBN 979-11-5896-688-1 03810